(288e)

ESTAMPES

ANCIENNES

BELLE RÉUNION DE PORTRAITS

LIVRES A FIGURES

ÉCOLE FRANÇAISE XVIIIe SIÈCLE

Collection venant de l'Etranger

SUPPLÉMENT

Pièces historiques anciennes sur les règnes de Henri III et de Henri IV

PORTRAITS DE Mmes DUBARRY, POMPADOUR

Vente les 3, 4 et 5 Mai 1870

Me DELBERGUE-CORMONT
COMMISSAIRE-PRISEUR

M. VIGNÈRES
MARCHAND D'ESTAMPES

PARIS — 1870

RENOU et MAULDE, imprimeurs de la Compagnie des Commissaires-Priseurs, rue de Rivoli, 144. 2410

1496 25	50 25	1547 25	20 %
1298 75	163 50	1462 25	
2298 75	72 75	2371 50	
5093-75	286-50	5381 ..	

Drug.	4449 ..
Cie d'Arland	644 50
	5093.50

	~~M. Drugulin~~ Total de la Vente			5093	50
payé	M. le Cte d'Auteuil Supplement M. Durand je			644	50
payé	Mr Drugulin a Leipzig net 3603.25			4449	..
	Affiches et afficheur	36			
	Insertion au Moniteur des Ventes	18	60		
	Declaration de Vente 2 Xembre 7 50	9	50		
	Enregistrement	126	50		
	Bourse Commune	169	80		
	Honoraires Delbergue	169	80		
	Clerc et Crieur	36			
	location de la Salle	93	10		
	Catalogue	237			
	Commissionnaire	15			
	Gratification	30			
	Aff. des Catalogues et distribution	49	15		
	Transport a l'hotel	6			
	12 Mains chemises	18			
	Honoraires Vignères	267	40		
		1281	85		
	deduire 5% des acquereurs	254	65	1027	20
				4066	30
	20% fait 1018.70. il y a 1027 de frais				
payé	Drugulin 4449	880	30	3559	20

288e

CATALOGUE

ESTAMPES

Des Écoles anciennes

BELLE RÉUNION DE PORTRAITS

LIVRES A FIGURES ET AUTRES

ÉCOLE FRANÇAISE XVIIIe SIÈCLE

Collection venant de l'Étranger

SUPPLÉMENT

Pièces historiques anciennes sur les règnes de Henri III
et de Henri IV

PORTRAITS DUBARRY, POMPADOUR, ETC.

DONT LA VENTE AURA LIEU

HOTEL DES COMMISSAIRES-PRISEURS

RUE DROUOT, 5, SALLE N° 4

AU PREMIER ÉTAGE

Les Mardi 3, Mercredi 4 et Jeudi 5 Mai 1870

A UNE HEURE PRÉCISE

Me **DELBERGUE-CORMONT**, Commissaire-Priseur,
rue de Provence, 8,
Assisté de **M. VIGNÈRES**, Marchand d'Estampes,
rue de la Monnaie, 13, à l'entresol,
CHEZ LEQUEL SE DISTRIBUE LE CATALOGUE.

EXPOSITION PUBLIQUE CHAQUE JOUR AVANT LA VENTE

PARIS — 1870

SOUS PRESSE :

Le Catalogue de l'importante Collection de Portraits et de Vignettes pour illustrations, formant le fonds de M. Durand jeune, connu depuis plus de quarante ans pour cette spécialité.

ORDRE DES VACATIONS

Première Vacation................	N°s	1 à 195
Deuxième Vacation................		196 à 379
Troisième Vacation................		380 à 577

Sous le n° 578, quelques lots d'Estampes non catalogués, seront vendus à la fin de chaque vacation.

CONDITIONS DE LA VENTE

L'ordre du Catalogue sera suivi.

Elle sera faite au comptant.

Les Acquéreurs paieront cinq pour cent, en plus des enchères, applicables aux frais.

M. VIGNÈRES, dirigeant la Vente, se charge des Commissions.

Nota. Toute commission sans prix fixé ou sans limite déterminée sera regardée comme nulle.

M. Vignères se charge de faire marquer les prix aux Catalogues des Ventes qu'il a faites. Les personnes qui le désirent peuvent s'adresser à lui *franco*.

Plusieurs Amateurs éloignés en ont reconnu l'utilité pour les guider dans leurs achats sur les valeurs des Estampes.

Les Catalogues des Ventes à faire seront envoyés aux personnes qui en feront la demande *affranchie*.

Choix de Catalogues avec prix marqués.

Jean 6 Lion

Lion

Jean

Michel 25 Jean

DÉSIGNATION

ESTAMPES

ÉCOLES ANCIENNES

1 **Baudous** (d'ap.). Allégorie : Mars monté sur la Fureur écrase le cultivateur. Rare.

2 **Bosse** (d'ap.). Le Mauvais riche à table, entouré de six sujets sur sa mort. Visscher excudit. Sup. ép.

3 **Bourdon** (S.). Constantia. — Magnanimitas. — Concordia. — Magnificentia. — Securitas. — Liberalitas. — Pax. 7 p.

4 **Brenden** (Van). Les Saisons. 4 jolies pièces. Sup. ép.

5 — Jeune Galant offrant une malle pleine d'or à une élégante. — Vieillard offrant des richesses à une jolie femme. 2 p.

6 **Broch** (Barbara-Vanden). Vénus et Adonis.

7 **Callot.** La Prise de l'Ile de Ré. 6 p. gr. in-fol. non jointes, très-belles ép.

8 — Parterre de Nancy. — Bataille de Veillane. 2 p.

9 **Chauveau.** Vignettes en forme de frises, scènes de l'Histoire ancienne. 12 p.

10 **Cochin** (N.). Livre nouveau de fleurs, très-utile pour l'art d'orfèvrerie et autres. 1645. 13 p. avec de petites figures d'une grande finesse. Sup. ép.

11 **Collaert**. Scène de la Bible. — Les Eléments. — Les quatre Guerriers. 9 p.

12 **Cort** (Corneille), 1574. Statue antique.

13 **Corvinus**. Les Conquêtes de Louis XIV. 9 p.

14 **Crugl**. Le Temple. 2 vues-paysages à l'eau-forte.

15 **Delff**. Satyre, Vénus et l'Amour.

16 **Dolendo**. Saint Martin; statue dans une niche.

17 **Dubois** *excudit*. Enfant Jésus en buste, avant les armes.

18 **Dyck** (D. V.) Suzanne surprise par les vieillards. Eau-forte.

19 — Suzanne accusée devant le tribunal. Eau-forte, très-rare, non décrite.

20 **Galle**. Les sept Vertus dans des niches ornées. 7 p. Sup. ép.

21 **Genoels**. L'Ange et Tobie. — Intérieur de parc. 2 p. rondes. Superbes ép. — Groupe militaire, d'ap. Meulen, par Huchtemburg. 3 p.

22 **Gheyn**. Repas, d'après C. V. Mandere. Le Miracle des pains. 3 p.

23 — Les Évangélistes. 4 p. en rond. Sup. ép.

24 **Gole**. Seigneur et Dame, costumes Louis XIV. — Jardin de la Mour. 2 p. très-belles.

25 **Hoefnagel**. Les six Ages de l'homme. Parachevez de tailler et graver en décembre 1580, pour Nicolas le Camus, notaire. 6 p. avec entourages ornés d'animaux.

Sam. 3

Sam 3

Grey 1.75 Claver 1.50 Hedon 3.

Claver 1.50 Hedon 5

Lind 1

Lind 1.

Lind 1. 25 Dow 6.

Michel 5

Meaume 5 31

Michel 32

Clavere 4

26 **Hondius**, 1638. Tis al Verwart-Gaeren : le Diable tient le fil du dévideur de la fileuse, d'ap. Quast. Très-belle ép.

27 **Hooghe** (R. de). Luxembourg assiégé par le duc de Créqui. In-fol.

28 **La Bella**. Le Siége d'Arras, avant la retouche et avant *à Paris*, *1641*. Belle ép.

29 **Le Clerc**. Apothéose d'Isis. — Réduction de Marsal en Lorraine par Louis XIV. 2 p.

30 **Le Sueur** (d'ap.). Les Peintures de l'hôtel du Chastelet, ci-devant maison du président Lambert, gravées par B. Picart et autres, 1746. — La Galerie du président Lambert. 33 p. in-fol. et grand in-fol, et 4 feuilles de texte. Très-belles ép. en feuille.

31 **Lucas de Leyde**. Enfants portant un casque (165). — Enfants soutenant un écu d'armes (167). 2 p.

32 **Luyken**. La Fête des tabernacles.

33 **Marot**. Eglises de Paris. — La Bastille, etc. 9 p. marge.

34 **Marot** (D.). Nouveau livre de vues : Bâtiments en perspective. 6 p.

35 **Marot** (J.). Le magnifique Château de Richelieu. — Plans et Elévation, d'ap. J. Le Mercier. 17 planches et 2 feuilles de texte.

36 **Matham**. Les Heures du jour. 4 p.

37 — Sujets fabuleux : Les Eléments (278). — Les Sens (279). — Vénus, Bacchus et Cérès (280). — Pallas et Mercure (281). — Les Parques (284). — Les Grâces (285). 6 p., belles ép.

38 **Meunier**. Vue du Château de Durestalle en Anjou, appartenant à M. le duc de Liancourt (81). Très-rare.

39 **Monnoyer** (J.-B.). La Forteresse de la Corne-de-Guiche. 1654.

40 **Mozyn**. Les Baigneuses. — La Danse des enfants. 2 p. Très-belles et grandes marges.

41 **Muller** (G.), 1773. La Nymphe Erigone, d'ap. Jollain.

42 **Passe** (C. de). Titre de Pluvinel, avant la lettre.

43 — Les sept Vertus. 7 p. Superbes ép.

44 **Sadler**. Les Points cardinaux. 4 p. d'ap. M. de Vos.

45 — Les Heures du jour. 4 pl. d'ap. Th. Bernard, très-belles.

46 **Saenredam**. La Belgique fédérée, allégorie.

47 — Les Heures du jour, d'ap. Goltzius. 4 p.

48 — Diligence, Patience, Science. 3 p. Superbes ép. d'ap. Goltzius.

49 — Les Mois. 7 p. d'ap. Goltzius.

50 — Les Déesses du jugement de Pâris. 3 p. d'ap. Goltzius.

51 — Les saintes Femmes de l'Ecriture. 6 p. d'ap. Goltzius. Belles ép.

52 — Adam et Eve, la Foi, la Charité, l'Espérance. 4 p.

53 **Schenck**. L'Eté, l'Hiver. 2 costumes de dames.

54 **Silvestre**. Paysages dédiés au duc d'Enghien.

55 — Vues du Pont-Neuf, la Bastille, la Maison du prieur du Temple, maison Bretonvillier, Vues de France, Châteaux, etc., grande Vue du palais les Tuileries, etc., 29 p.

Hedon 3 Dow 2

Lind 1.25 Dow 4.

Dow. 6

Lind 1.25

Hedon 3.
Hedon 3 Lind 1.
Hedon 3 Lind 1.

Hedon 4, Lind 1.50
Claveria 1 50 Hedon 3.

Hedon 4, Lind 1.

Claveria 1 50 Hedon 3, Lind 1.75

Lind 1
Lind 2
Y. S. 30 [illegible]

Lind 1

Lind 1
. languisot .36 Lind 1

Meann 7.50 R. 6

Selp. 5

56 **Snyers.** Vierge adorant Jésus, d'ap. Titien.

57 **Stella** (d'ap.). Pastorales. Valk ex. 16 p.

58 **Vaillant** (W.). Scènes de buveurs flamands. — La vieille Avare.— Soliman III, empereur des Turcs. 4 p. Manière noire.

59 **Visscher** (N.). Retour de l'Enfant prodigue.

60 **Visscher** (C.). Paysages, d'ap. Tempeste. 8 p. Superbes. — Chasses. 8 p. En tout 16 p.

61 — Occupationes multifariæ. 16 p. Belles ép.

62 **Visscher** (J. de). Paysages et Marines, d'ap. Van Goyen. 12 p. très-belles ép.

63 **Vos** (d'ap. Martin de). Les Eléments. 4 p. — Les Sens. 5 p. En tout 9 p. belles.

64 Portrait de la Maison royale de Fontainebleau, avec explication au bas. Jolie pièce très-finement gravée. — Carte des environs de Paris. 1592.

PORTRAITS

CLASSÉS PAR GRAVEURS

65 **Adam** (J.). Marie-Louise et Marie Thérèse d'Autriche et autres princesses. 6 p. très-belles épreuves.

66 **Alix.** Boileau. — Corneille, avant et avec la lettre. — La Fontaine. — Racine. 5 p. Petit in-fol. ovale. En couleur.

**

67 **Anonyme.** B IX. P. 537. Monogramme BI. (21). — Calvin. 1574. — Théodore de Bèze, non décrit. 2 p. rares.

68 **Aubert.** Louis Dauphin, petit in-fol., d'ap. de La Tour, avant les armes allongées, avant la date de la mort, avec adresse chez Aubert.

69 — F. Rivard, professeur à l'Université. In-4°. Sup. ép.

70 **Audouin.** Elleviou. — Moreau. In-fol. 2 p.

71 **Audran** (B.). Frère Blaise, feuillant. Eau-forte. In-fol. d'une grande beauté d'exécution, rare.

72 — J.-P. Bignon, ætatis 41. — Le même, ætatis 43. 2 très-belles ép. in-fol.

73 — Henri de Beringhen avec la cuirasse. In-fol.

74 **Audran** (J.). Jean d'Estrées, légat en Espagne. Très-belle ép. in-fol.

75 — Claude Cherier. — F.-P. Gillet. 2 p. In-4. Belles ép.

76 **Avril.** Brizard du Théâtre-Français. In-fol.

77 **Balechou.** Auguste III, roi de Pologne, en pied, d'ap. Rigaud. Grand in-fol., marge.

78 — Crébillon à mi-corps, d'ap. Aved. Grand in-fol. Très-belle ép., marge.

79 — Crébillon. In-4. Très-belle ép.

80 **Bartolozzi.** Philidor. In-8. Avant la lettre.

81 — La signora Rosalba, d'ap. elle-même. Ovale. In-8. Sanguine. Très-belle ép., marge.

82 **Baudouin.** Gontaut Biron. In-fol., toute marge.

83 **Bause.** Christine de Bohême. In-fol. Sup. ép.

[illegible] 12.

R. 3.

R 2 Mour 2

R. 14. Meanne 4 5D Delp. 3

Meanne 6 5D Delp 4.

Delp 2.

R. 4. Mour 1 5D

R 2. Mour 3.
R 2. Mour 3.

Selp 6.

R. 3.

Lino 4 50

R. 4

R. 8

Ogier 3

R. 3

Hemet 3 50

Lino 1. 25

R. 6

Michel 3 50

84 **Beauvarlet.** Mlle Clairon, rôle de Médée, gr. in-fol., d'ap. Vanloo, sans marge.

85 — B.-G. Sage, académicien. In-8. Très-belle épreuve.

86 **Benedetti.** Canova, d'ap. Lampi. In-fol. Belle ép. marge.

87 **Bloemaert.** Adrien d'Oirschoff. In-4. — Carpzou, par Borrekens. 2 p. Superbes ép.

88 **Blois** (A. de). Ortance Manzini duchesse de Mazarin, d'ap. Lely. In-4. Superbe épr., marge.

89 **Bloteling.** Louis XIV, de profil. In-8. Très-belle ép., rare.

90 **Boucher.** La Tourilère, comédien, d'ap. Watteau. In-fol.

91 **Boulanger.** David L'Aigneau, médecin. In-4. Très-belle ép.

92 — Charles Patin, d'ap. Lefèvre. In-12. Belle épreuve.

93 **Boulanger** (Math.). Raymond Vieussens, médecin de Montpellier. Petit in-fol., rare.

94 **Boutats.** Daniel et Leo van Heil. 2 p. Sup. ép.

95 **Broen.** Mme J.-M. Bouvières de la Mothe-Guïon. 1692. In-8. Très-belle ép., rare.

96 — Cocceius-Guil. — Teelingius, par Brenden. 2 p.

97 **Bruggen,** 1682. Mme de Cimay. — Mme Osorio de Vilasco. 2 p. petit in-fol. d'ap. Largillière.

98 **Carmontelle** (d'ap.). La malheureuse Famille Calas. Très-belle ép., grande marge.

99 **Cathelin.** Pierre Jeliote tenant une lyre, d'ap. Tocqué. In-fol. Très-belle ép.

100 **Chereau.** Bayle. — Fleury, cardinal. 2 p. in-fol.

101 — Geoffroy, pharmacien. In-fol., marge. Belle épreuve.

102 — L. Pecour, maître de ballets. In-fol.

103 — Andoche Pernot, abbé général. In-fol.

104 — C.-N. Taffourreau de Fontaine, évêque. Petit in-fol.

105 **Chéron** (E.-S.). Elisabeth-Sophie Cheron, à l'eau-forte par elle-même. R. D. 1, 3e état. Belle ép. rare.

106 **Chevillet,** 1762. Jean-Louis Jordan. In-fol. d'ap. Falbe. Superbe ép. marge.

107 **Choffard.** Fr. VI, duc de Larochefoucauld, auteur des Maximes, d'après l'émail de Petitot. In-8.

108 **Cochin.** Artistes, Littérateurs et Célébrités de l'époque. 38 p. par et d'ap. Pourra être divisé.

109 — (Genre de). Célébrités diverses. 25 p.

110 — Société des Enfants d'Apollon et autres petits portraits d'ap. Cochin. 15 p.

111 **Coelmans.** Malherbe. In-fol., marge.

112 **Coqueret.** Desaix. — Hoche en pied. In-fol. d'ap. Hilaire le Dru. 2 p. manière noire, très-belles ép., marge.

113 **Corbutt.** J.-J. Rousseau. In-fol. d'ap. Ramsay.

114 **Cossin.** F. Chauveau, de l'Académie de peinture. Sup. ép.

115 **Coypel** (D'ap.). Rollin. In-4. Très-belle ép., marge.

Milhau 1.75

Mourier 2.25

R. 5

Dew 5 Mour 2 Delp. 3.

R. 5

Martin 3. Delp 1.

Delp. 15

lrie R. 6 50 Mour 2 25

Comm 8.50

Mour 2 25

Mour. 1 50

Lind 1

Meaume 6 50 Chaul. 1.50 G.oj 2 [illegible]

Meaume 3.[illegible]

Michel 11 R. 9

Michel 10 Dow 6 R. 18

[illegible] 2 50 Dow 5

Mour. 2 50 Michel 9 Dow 6 Gera

Mour. 2 75 Michel 13 Dow 6 R. 8

116 **Crespi**, Habert, etc.; Docteurs en Sorbonne et en théologie et autres. 24 p.

117 **Cundier.** Cardinal Lebret. In-fol. d'ap. Rigaud.

118 **Custodis.** Don Alfonse, duc de Ferrare. Petit in-fol.

119 **Dalen.** Esaïe Du Pré, ministre évangélique.

120 **Daret** *sculp.* Marg. de Cambout, comtesse d'Harcourt. — Henri de Lorraine, comte. 2 p. grand in-8 octogone.

121 **Daret.** Tristan l'Hermite, Scarron, Henri de Schomberg. 3 p.

122 **Daret** (Suite de). Rois et reines de France, Célébrités militaires et ecclésiastiques, Princes et Princesses, Français et Étrangers. 184 p. 3 lots.

123 **Daullé.** C. Deshais Gendron, médecin. In-fol. d'ap. Rigaud, très-belle ép.

124 — P.-A. Le Mercier, imprimeur de la ville. In-fol. d'ap. Vanloo, très-belle ép.

125 — Jean Mariette, graveur et libraire. In-fol. d'ap. Pesne, belle ép.

126 — Mlle Pélissier. In-fol. d'ap. Drouais. A Paris, chez Jacob. Très-belle ép.

127 — J.-F. de Chastenet de Puységur, maréchal. Petit in-fol. d'ap. Tournière, très-belle ép.

128 — J.-B. Rousseau à mi-corps. Grand in-fol. d'ap. Aved, très-belle ép. marge.

129 **Dean.** Marie-Thérèse, princesse Esterhazy. In-8 en travers avant toute lettre sur chine. Marge in-4.

130 **Denizot.** Davy Du Perron, cardinal. Petit in-fol.

131 **Desbois.** Carolus Renaldinus Patr. anc. ser. M. D. etrur. Cosmi III. Phil. et Mathematicus, etc. Petit in-fol. non décrit par R. Duménil. Superbe ép. très-rare.

132 **Desrochers** (F.). Le Chambrier. In-fol. d'ap. Rigaud.

133 — Villars, maréchal, surmontant la bataille de Denain. Magnifique ép. avant le nom de Desrochers et avant les 3es tailles sur le fond autour des drapeaux. In-fol.

134 — Villars, maréchal, avant le nom de Desrochers avec les 3es tailles. Très-belle ép. in-fol.

135 **Desrochers** (Suite de). Ecclésiastiques, Littérateurs, Rois, Femmes célèbres, et autres personnages de l'époque Très-belles ép., la plupart grandes marges. 175 p. 3 lots.

136 **Devaux.** Gérard Edelinck, in-4, d'ap. Tortebat.

137 **Drevet.** Antoine Arnauld. In-fol.

138 — Nicolas Boileau. In-fol. d'ap. Rigaud. Très-belle ép.

139 — Mme Le Bret de la Briffe en Cérès, d'ap. Rigaud.

140 — Louis Hideux. Très-belle ép. in-fol., marge.

141 — Comte de Toulouse. In-fol. d'ap. Rigaud, très-belle ép. sans marge.

142 — M. de Tressan à genoux aux pieds de la Vierge, dit le grand Bréviaire. Très-belle ép.

[illegible] 25
[illegible]

on

[illegible] 20 R 10

[illegible] 75

[illegible] 4.

[illegible] 12 [illegible] 3. Delp 10

Delp. 3

[illegible]

Chard. 3. Delp 4

Lino 3.

Delph 2

R, 4

R 4

Delph 2 Gioj 3

Mour. 5 Dew 4 R. 8

Dew 5 Gioj 3

Dew 4 Gioj 1 9

Dew

Michel 22

Dew 4

143 — M. de Vintimille, archevêque de Paris. In-fol. d'ap. Rigaud.

144 **Drouais** (D'ap.). Les Enfants du duc de Choiseul. — Les Enfants du roi de Sardaigne. 2 belles ép. in-fol.

145 **Duchange.** Ant. Coypel en pied et son fils. Très-belle ép. marge.

146 — Charles de la Fosse, peintre, avant toutes lettres; les noms sont écrits en bas, à la main, dans la tablette.

147 **Duflos.** Paule de Gondy, duchesse de Retz, douairière de Lesdiguières, en pied. Petit in-fol.

148 **Dupin.** Nicolas de Fer, géographe. In-fol., marge.

149 **Dupont** (Henriquel). Ferdinand Philippe, duc d'Orléans. In-fol., toute marge.

150 — Le Marquis de Pastoret, d'ap. Delaroche. Très-belle ép. lettre grise sur chine.

151 **Edelinck.** J. Herauld de Gourville. In-8, grande marge.

152 — Descartes. Petit in-fol., très-belle ép. marge. (181)

153 — Fléchier, in-8 (206). Très-belle ép.

154 — Gherardi, avant la ligne en haut, dans la marge (214).

155 — Messire Michel Le Tellier, chancelier de France. In-fol. (244). Sup. ép.

156 — Louis XIV. Titre du Dictionnaire de l'Académie (255).

157 **Edelinck.** Moreri, in-fol. Superbe ép., très-grande marge (280).

158 — Anne-Jules de Noailles (284). 1er état, très-belle ép.

159 — Raimond Poisson, comédien, en pied (299). Superbe ép. avant l'adresse d'Audran.

160 — Savary (Jacques). 1er état avant la planche réduite (314).

161 — Dame Florence de Werguignœul (339). In-8, très-belle ép.

162 — Pithou, Quinault, Phelipeaux, Sainte-Marthe, et autres tirés des Hommes de Perrault. 9 p.

163 **Endner.** Edme Retif. Procurator Schreiber Zu Paris 19 Jahralt. Très-petit portrait rond, d'une grande rareté.

164 **Esnauts** et **Rapilly.** Littérateurs, Ecclésiastiques et Célébrités diverses. 67 p. grand in-8. 2 lots.

165 **Faithorne.** Cardinal de Richelieu. In-4 rare.

166 **Ferdinand** (L.). Nicolas Poussin, peintre. Superbe ép., petit in-fol.

167 **Fessard.** Catherine de Seine, femme Dufresne, tenant son chien sur un coussin. In-4 d'ap. Aved. Superbe ép.

168 **Ficquet.** Crebillon. In-8 d'ap. Aved, marge.

169 — Corneille. In-8 d'ap. Hals.

170 — La Fontaine des Fables. In-8 d'ap. Rigaud, marge.

171 — Montaigne. In-8 d'ap. Dumoustier, sup. ép., marge.

Nouve 3.

Groj 5 R 8. Lino 5

Dew. 6. R.H

R. 8 Dew 6.

Charl. 1 50 Lino 4 25

R. 8. Michel 12

... 2
... 1 25
Groj 1 25 Martin 5 Dew 5

... Grosj 5 Dew 8.

Delp. 2 Dew. 4 Martin 2
Martin 3

Dew 8

Martin 3

Dew 4 Charm. 10. Greg 1.75
Delp 2 Mouri 2 2.5 Chaumm 2.

Delpt 3

R. 6

R, 6

Ogier 5 R. 6

Delp 2 Choul 5

Delp. 2

172 **Ficquet**. Mothe-Levayer. In-8 d'ap. Nanteuil.

173 — Regnard. In-8 d'ap. Rigaud.

174 — J.-B. Rousseau. In-8 d'ap. Aved, très-belle épreuve.

175 — J.-B. Rousseau. In-8 avant les ombres aux lettres. Superbe ép., marge.

176 — J.-J. Rousseau. In-8 d'ap. de La Tour. Marge.

177 — Voltaire. In-8 d'ap. de La Tour. Marge.

178 **François**. Quesnay, médecin. In-fol. avec la planche d'explication des procédés de gravure au bas. Marge.

179 **Frosne**. Le Grand Condé, avec armoiries et allégories. In-fol.

180 — Chevalier de Malthe, 1654, avec emblèmes et devises aux quatre coins. Superbe ép. in-fol.

181 **Gaillard**. François Castanier. In-fol., belle ép.

182 **Galle?** Favereau, in-4. Très-belle ép.

183 **Gantrel**. Louis de Melun, prince d'Espinoy. In-4, sup. ép.

184 — Furnerum. Denis-François Fournier, chirurgien à Paris. In-4, d'ap. Du Cerceau, 1668.

185 — Louis de Lavergne Montenard de Tressan, évêque du Mans. In-8.

186 **Gaultier** (Léonard). Alex. Bouchart de Blosseville, conseiller au Parlement de Rouen. 1613, in-4. Belle ép.

187 — N. Brulart de Sillery. — N. de Heere, doyen de S.-Aignan. 2 p. in-8.

***

188 **Gaultier** (L.). La Framboisière, 1624, médecin du roi. Très-belle ép., petit in-fol.

189 — Titre des Œuvres de P. Ronsard surmonté de son portrait. Petit in-fol., superbe ép.

190 — P. de Besse, La Martonie, et par Gourdelle, le duc d'Épernon, la duchesse de Nemours, Antoine de Bourbon, Cardinal de Birague. 6 p. 2 lots.

191 **Gheyn**. Henri de Bourbon Condé, âgé de dix ans. In-8, superbe ép.

192 **Giffart**. Jacques Lepelletier, écuyer. In-4. Belle ép.

193 **Girardet**. David Purry, en pied. In-fol.

194 **Gole**. Louis, duc de Bourgogne. Grand in-4, manière noire.

195 **Goyrand**. Jacques Du Lorens, jurisconsulte. Petit in-fol., superbe ép.

196 **Guérin**, 1792. Lafayette. In-fol. d'ap. Weyler. Rare.

197 — F. Xavier Richter, maître de chapelle de la cathédrale de Strasbourg.

198 **Guntz**. Saint-Evremont. In-4.

199 — Antoinette Bourignon. In-4, belle ép.

200 **Habert**. Bouhours, Descartes, De Launoy, Dominique, Gorin de Saint-Amour, Hamon, Rancé, Santeuil. 8 portraits.

201 **Haid**. Havenberer, philosophe. In-fol., toute marge.

202 **Halbeeck**. Léonard Donodo, doge. In-4.

203 **Helt Stoccade**. Louis, duc de Gueldre, prince d'Egmont. Eau-forte rare, petit in-fol. Sup. ép.

Delp 2

R. C. Delp. 2

Delp. 4 chaque lot
... 8 ...

R. 15

Vastm 2

Chaulin 1,50
Stat 12. Henrat 3.
Garn R 10 Delp 4.

lino 3. Morel 3.

Mour 2

Delp 3
Mour 2

Mour. 2 Lin 3 R.

Delp
Hatton

Mour 2

R.

Delp. 2 Ten

204 **Henriquez.** Dalembert, Bouvart, Diderot, Voltaire. 4 p. petit in-fol.

205 **Heyden** (Jacob d'). J. de Salm, baron de Vivian. In-4.

206 **Hodges.** Buonaparte. — Pichegru. 2 p. in-fol.

207 **Hondius.** Clément Marot. In-4. Superbe ép.

208 **Hopwood.** La Reine des Belges dans son costume de mariée, petit in-fol., chine, marge.

209 **Hortemels.** Philippe d'Orléans régent. In-fol.

210 **Houbraken.** Caroline, princesse d'Orange, Rousset, Rapin de Thoiras, Ferdinand de Brunswick. Grand in-fol. 4 p.

211 **Hubert.** De Malesherbes. In-fol. Très-belle ép.

212 **Ingouf.** Charles Minart, né dans le diocèse de Beauvais en 1704. Mendiant joueur de violon.

213 — Littérateurs, poëtes. 22 p.

214 **Jeaurat** (E.). Nicolas Vleughels, peintre, d'ap. Pesne. In-fol., très-belle ép., toute marge.

215 — P. Puget et autre. 2 p. petit in-fol.

216 **Jode.** Louis de Bourbon Condé. — Claire-Clémence sa femme. 2 p. gr. in-8. Superbes ép.

217 — P. de Francheville, architecte, petit in-fol.

218 — Turenne, petit in-fol. d'ap. V. Hulle. Très-belle ép.

219 **Joullain.** Du Fresny. In-8 et petit in-fol. 2 p. très-belles.

220 **Kilian.** Alex. II de Bournonville. — Marie, femme de Bernard de Saxe. 2 p. in-fol. — J.-B. Besard, in-4. 3 p.

221 **Kinsbury.** La contesse de Jarnac, petit in-fol.

222 **Klauber.** Allegrain, sculpteur. — Charles Vanloo, peintre. 2 p. in-fol. Marge.

223 **Landry.** Abel Brunyer, médecin. Superbe ép.

224 — Florimont Brulart, marquis de Genlis, baron de Rouvré. In-fol. Superbe ép.

225 — Pierre Rouillé, intendant de Picardie et d'Artois. Très-belle ép. in-fol.

226 **Langlois.** Moïse Charas, apothicaire. In-4, avant les vers.

227 — Marie-Elisabeth Joly, actrice des Français. In-4 sur chine.

228 **Larmessin.** Hallé, peintre. — Dignitaire ecclésiastique anonyme. 2 p. in-fol.

229 — Louis XV en pied, in-fol. Avant toute lettre.

230 — Louis Dauphin en pied, d'ap. Toqué. In-fol.

231 — Louis XV à cheval, d'ap. Parrocel et Vanloo. gr. in-fol. Très-belle ép.

232 — Scevole de Sainte-Marthe, in-4. Rare.

233 — Rois, Reines, Princes et Princesses français et étrangers ; ecclésiastiques et autres célébrités. 96 p. 2 lots.

234 **Lasne** (Michel). Balzac. Grand in-8. Rare.

235 — P. Corneille. In-8. Rare.

236 — Dublet, ingénieur. In-fol., 1656.

237 — Michel de Marillac, chancelier. In-fol. Superbe ép.

238 — Clément Metezeau, ingénieur de la digue de La Rochelle, avec la copie du brevet du roi, planche ajoutée au bas. Très-belle ép., grande marge.

R. 5. Serv 5 Mour 4 25

Delp. 2
Bois 3 Delp 3.

Herbe 6 Delp 2.

Matthieu 1 75

Michel 7. Mour 1 50

Serv 4 Mour 2.

R. 20 Michel 10 Bois 5

R 6 Delp 5

Serv 6 Mour 1 50
Serv 4 50 Delp 10
Serv 9 Delp 10

Serv 8. Delp. 2
Banal & Chand. Serv 8 Delp 2.
Serv 5 Delp 2
Serv 10 Delp 2

R 15 Serv 8. Bois. 5 Mour 4. Delp 2

Delp 2 Dew, 6

Delp 2 Dew 5

Delp 2. Ogier 4 Dew [illegible]

Delp 2. Dew 10

[illegible] Dew 4

~~Ogier 6~~ Michel 15

Ogier 6 Michel 7

M[illegible] 4.50 Bois 5

Martin x

R. 22

Michel 8

Delp 2 Line 1 50

239 **Lasne** (M.(René Moreau. — David de Planis Campy, médecins. 2 p. in-8.

240 — Simon de Muis d'Orléans. In-fol. Sup. ép.

241 — Louis Petit, général des ordres de la Trinité. In-4.

242 — François Quesnel, peintre. In-4, premier état. Sup. ép.

243 — Cl. Regnauldin. Petit in-fol.

244 **Le Barbier** (D'ap.). Louis XVI, grandeur naturelle, ovale in-fol. 1787.

245 **Lefèvre** *pinxit et sculpsit.* Charles Patin, médecin. Très-belle ép. Petit in-fol.

246 **Legoux**. J. Bercher-Dauberval et sa femme. — Théodore Dauberval. 2 très-petits portraits, toute marge.

247 **Lenfant**, 1661. Portrait anonyme d'ap. Verspronck. In-fol. Superbe ép.

248 — Jacques d'Auvergne, professeur de langues. In-fol. Superbe ép.

249 — François d'Arly, 1757, d'ap. Dieu. Superbe ép. avant la tablette ombrée.

250 — Pierre de Cambout de Coislin. Superbe ép.

251 — Nicolas Martineau, *ad vivum*, 1666. Superbe ép.

252 — 1671. Ferdinand de Neuville, évêque de Chartres, grandeur naturelle. Très-belle ép.

253 **Lepicié**. Catherine de Seine. — Charlotte Desmares. 2 portraits d'actrices. In-fol.

254 — Richer de la Morlierre, d'ap. de La Tour. In-fol.

255 **Leu** (Thomas de). De Beaugrand, secrétaire. in-4.

256 **Leu** (Th.). Louis de Bourbon Condé. In-8.

257 — Charles de Lorraine-Mayenne. In-8.

258 — Charles de Gonzague de Nevers. In-8. Belle épreuve.

259 — Antoine de Murat. In-4. Superbe ép.

260 — Charles de Bourbon, cardinal; saint Charles Borromée; Charles de Lorraine; Chaligny, La princesse; F. de B. Conty; J.-L. de Nogaret de La Valette d'Espernon; Gabrielle d'Estrée; A. de Joyeuse; Montaigne; H. de Montmorency; Montpensier, Pasquier, Vigenère, etc. 16 p. 4 lots.

261 **Lignon.** Mme la comtesse de Genlis, petit in-fol., d'après Cheradame.

262 **Lingée.** Mlle Raucourt. In-fol. Au bas, scène de Mithridate.

263 **Lochon.** Ch. de Bourbon; Victor-Amédée de Savoie; Jean de Monti; Le Prestre; Tussanus Rose; R. de Podio. 6 p.

264 **Lombart.** Gab. Chassebras de la Grandmaison, conseiller des Monnaies. In-fol.

265 — Eugène Maurice de Savoie, comte de Soissons. Très-belle ép. in-fol., d'ap. Vaillant.

266 — Augustin de Servien, abbé, d'ap. Delamare Richard. Superbe ép. in-fol.

267 **Louys.** Elisabeth, femme de Philippe IV, roi d'Espagne. In-fol., d'ap. Rubens. Superbe ép.

268 **Maleuvre.** Allégorie aux mânes de Rousseau, avec son portrait au bas. In-fol.

Delp. 3

Gray 175 Delp 2

Dew 8 Delp 2

Delp 2

Lind 18 Delp 16.

Cross

Times 7 Delp 3.

Bain. 5

R 6 Lind 5 Dew 6

R 5

Delp. 3   Mour 6   Dern 4   Lino 2 50   Zelayim 10

Delp. 3   Mour 5

Delp. 3

V. Str. 10

Lino 1 50   R. 17

Mour 1 25

avoir

Dene, 4

269 **Malgo**. La princesse Lamballe en pied, écrivant une lettre dans son cabinet, d'ap. nature, en 1789, d'ap. Hickel. Grand in-fol., manière noire.

270 **Marcenay** (de). Mirabeau, l'ami des hommes, petit in-fol. Superbe ép.

271 — B.-G. Sage, académicien. In-8. Très-belle ép.

272 — D'Argenson, Bayard, Charles V, Henri IV, L'Hospital, Sully. 6 p. Très-belles ép.

273 **Mariette** (P.-J.). M. l'abbé Crozat, profil d'ap. Mme Doublet. Rare.

274 **Martinet**. Jacques Daran, chirurgien du roi. In-8.

275 **Masson**. Bernard de Vernage, docteur en théologie.

276 **Masson** (Madeleine). Pierre du Bois, curé d'Halluin. In-8.

277 **Matham**. Catherine-Charlotte Palatine. In-fol.

278 **Merlen**. Gerson, chancelier. 1653. In-4. Rare.

279 **Mellan**. Alphonse; A. de Bourbon; Crequi; Fabri de Peirèsc; Gassendi; Habert de Montmor; M. de Marolles; Mazarin, avant la planche coupée; Menicucius; Mesmes, Molé, Henri de Montmorency; Nesmond; Retz; Richelieu; Urbain VIII, 2 différents; Maria Vaiani; Verdun. 20 p. Sera divisé.

280 **Mixelle**. J. Arné, grenadier, né à Dôle, qui arrêta M. Delaunay à la prise de la Bastille, in-4. Rare.

281 **Moitte**. Fouquet de Belle-Isle, maréchal, en pied. In-fol., d'ap. de La Tour.

282 **Moncornet.** Bethencourt; Cl. de Bullion; Cl. de Lorraine Chevreuse. 3 p. in-8.

283 — Princesses; Princes; Célébrités ecclésiastiques et militaires. Très-belles ép. avant les armoiries. 94 p. 2 lots.

284 — Rois; Reines; Princes; Princesses; Ecclésiastiques; célébrités militaires; Chanceliers; Gouverneurs français et étrangers, etc., avec les armoiries. 350 p. Formera plusieurs lots.

285 — Célébrités diverses, avec des feuilles sur la bordure ovale. 103 p. 2 lots.

286 — Petits Portraits avec entourages ornés. 12 p. Rares.

287 — Octogone in-4. Célébrités diverses. 50 p. 2 lots.

288 **Montaigne.** Olivier de Castellan. Petit in-fol. Superbe ép.

289 **Morghen.** Napoléon, en manteau impérial, couronné de lauriers, petit in-fol. Sup. ép. marge.

290 **Moyreau.** L.-G. Fleuriau d'Armenonville, évêque d'Aire — N.-J. de Paris, évêque d'Europe, coadjuteur d'Orléans, réunis ensemble. In-4. Sup. ép. marge. Rare.

291 — J.-B. Rebel, compositeur et maître de musique. In-fol., d'ap. Watteau. Très-belle ép.

292 **Muller** (H.-C.). Camille Jordan. In-4, marge.

293 **Muller** (J.-G.). Louis Galloche, peintre. In-fol., d'ap. Tocqué. Très-belle ép.

294 — Louis Lerambert, sculpteur, d'ap. S. A. Belle. In-fol. Très-belle ép.

Meammm 3.50 Delp. a 25c

Lin 6 15

Lin 15 80

Lin 6 20

an 2

12 50

Lin R 12.

Hartin 2 Mour 5

Mour 1 2.5 Delp 2
Lind 1.75

R.4.

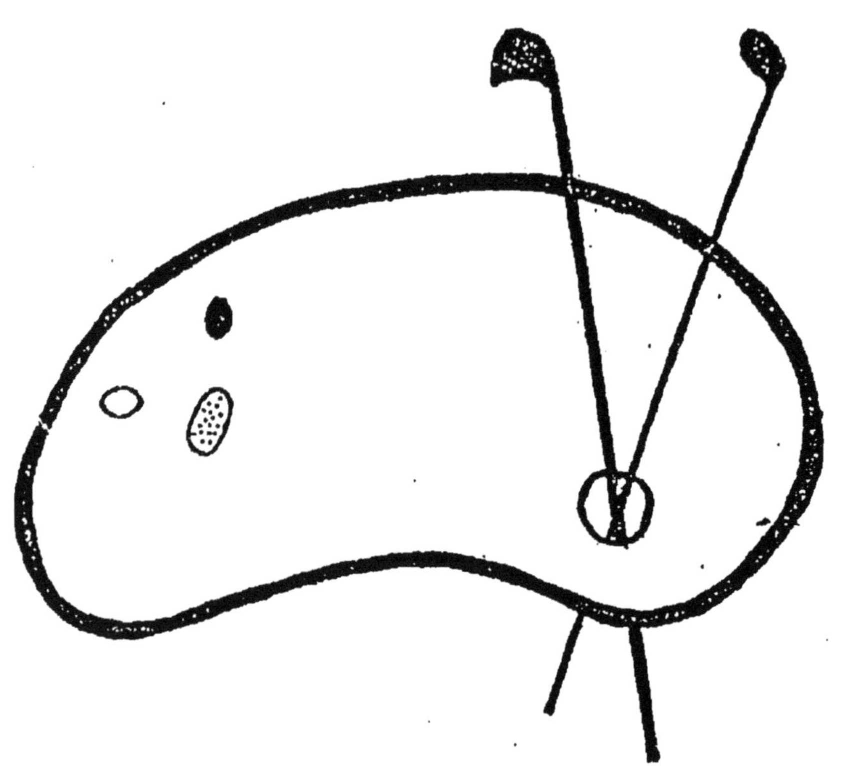

payé Madame Sudre

1re Vente	8 Photog. d'ap. Ingres	2	..
2e Vente.	1 Chapelle Sixtine avant l.l. blanc	8	..
	12 Photog. Religieuses	2	..
	4 Tombeau de Ferdinand	4	..
	2 Angelique, Œdipe av' l.l. chine	3	50
	1 Roger et Angelique	6	
	3 Christ, ~~tête~~ d'Odalisque, Delille	2	
	1 Roger et angelique chine	6	
	1 Chapelle Sixtine avec ll. chine	8	
3e Ve	1 Chapelle avant blanc	6	50
	1 —— avant chine	8	..
	2 ~~tête~~ d'Odalisque Œdipe	3	50
	1 Roger et Angelique chine avec	5	
	1 —— avant ll. chine	12	
	8 Photog. d'ap Ingres	3	50
	10 —— Christ Vierge	1	50
		81	50
	Frais de Vente à 12 % payé le 16 Juin 1870	9	80
		71	70

Durand	6 l. Vignettes Contes de La Fontaine	4	50

Monsieur Cumin

1r Paquet	20	XVIIIe Sle		4	25
	39	Fleurs noir et couleur		1	..
	30	Animaux Huet, Desportes, Delacroix		1	..
	25	Études académies		1	50
	20	XVIII. Jeaurat, Boilly etc		3	25
	20	Caricatures		3	50
	30	École italienne Lanfranc		2	
	15	Historique et Photog		2	75
	30	Batailles noir et coul		5	
	24	Pastorales		1	50
	26	Sujets gracieux		3	
	37	Portraits Dupin, Paysages		1	25
	37	Sujets religieux		2	25
	28	lithog. et en couleur		3	50
		Sacre de Louis XVI		5	
	35	portraits	Vig	2.	
	25	Divers	Vig	5	50
2e Paquet	100	ornements		3	50
	100	ornements		2	

			—	60	50
		50	Coypel et XVIII	7	50
4	25	55	Venus moderne	2	..
1	..	112	Gillot et autres XVIII	7	..
1	..	141	Fleurs, Ornements	1	..
1	50	105	Portraits	3	50
3	25	35	D°.	1	25
3	50	41	Lithog. Couleur	1	25
2		40	Vues et Paysages	1	..
2	75	50	artistes	3	..
5		100	Divers	2	..
1	50	100	decoupages, Coloriés XVIII	2	..
3		160	Modes et autres, Baigneurs	3	75
1	25	50	Sujets gracieux	1	25
2	25	40	Ecole ancienne	3	50
3	50	33	Sujets religieux	1	75
5		102	Vues et paysages Manière noire	4	
2.		50	Labelle Ecole italienne	1	75
5	50	50	Ecole Ancienne	5	50
3	50	31	Pinelli	3	
2		30	Charlet	3	25

Report	127	25
20 Sanguine	8	50
15 XVIIIe Se	10	
67 Callot	5	50
90 Dessins	3	75
10 Divers Vig.	3	
200 Pieces Portraits papier peint	1	50
lot de Musique, ecriteaux images	9	50
10 Cadres de Caricatures a la 3e Vacation	9	50
1 grand portefeuille	2	..
5 Portefeuilles 2 coins cuivre	1	25
	181	75
Transport a l'Hotel 2/50 et Frais 12 % 21 80 / 2 50	24	30
	157	45

HV. 60 portraits Hardieu	2	50
HV. 90 Vaugelistes	4	..
	6	50

Mr Lavigne 20 Faublas	1	25

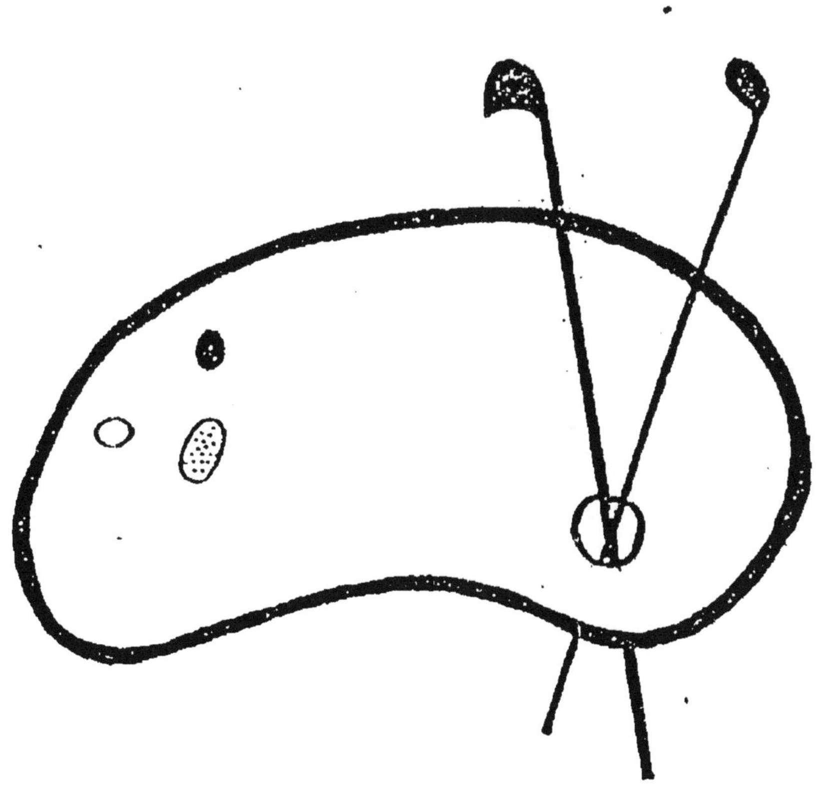

Delp. 4

Chardon 5 Chaut. 3
Delp 4 Chaut. 3
Lieu 1 5

Delp. 10 Mirelat 10

Delp. a 30'

Groj 2 25

Moral 5

Lieu 1 75

Nour 4 Mallon 3 50 Lieu 4 50

295 — Louis XVI en manteau royal, d'ap. Duplessis. Gr. in-fol., marge.

296 **Nanteuil**. Anne d'Autriche, reine de France.

297 — Chapelain, petit in-fol. Très-belle ép, marge.

298 — Michel de Marolles. In-4. Belle ép.

299 — P. Du Puy. — J.-F. Sarrazin. 2 p. in-4.

300 — Scudéry. Petit in-fol. — Voiture. 2 p.

301 **Natalis**. E.-Th. de la Tour d'Auvergne duc d'Albret. In-fol.

302 **Nattier** (d'ap.). Mme Adélaïde (l'Air), par Beauvarlét. — Mme Victoire (l'Eau), par Gaillard. 2 p. in-fol en travers, grandes marges.

303 — Mme la duchesse de..... en Hébé, par Hubert. Très-belle ép. in-fol.

304 **Odieuvre** (suite d'). Artistes, Femmes célèbres, Célébrités diverses, françaises et étrangères. 119 p. 3 lots.

305 **Ogier**. Pierre Verjus, docteur en théologie. In-fol.

306 **Passe** (C. de). Elisabeth de Lorraine. In-4. Superbe ép.

307 **Pass** (Simon de). De Pluvinel, écuyer. Grand in-8, marge.

308 **Pauquet**. Louis-Philippe Ier. Petit in-fol. Avant la lettre. Toute marge.

309 **Payne** (J.). Adrien de Rocquigny. 1633. In-4. Superbe ép.

310 **Petit**. Maurepas. — Potier duc de Gesvres, en pied. In-fol. 2 p.

311 — Bayle. — François Ier, roi de France. 2 p. petit in-fol.

312 — Philibert Papillon, chanoine. Superbe ép.

313 — Mlle Sallé, la Terpsicore française. — La même, 2e état; l'Après-dîner avec chapeau. 2 p. Petit in-fol.

314 **Physionotrace.** Portraits dessinés et gravés par Chrétien, Quenedey et autres. 12 p.

315 **Picart** (Etienne). Fr. Tallemant, abbé de Valchrétien. Petit in-fol.

316 **Picart** (B.). Roger de Piles, amateur des arts. Petit in-fol. Très-belle ép.

317 **Picart** (J.). Pierre Camus, évêque de Bellay. In-8.

318 **Pichler.** Mme Vigano dansant. In-fol. en couleur.

319 **Pitau**, 1668. J. Favier du Boulay. In-fol. Sup. épreuve.

320 — Gaspard de Fieubet, d'ap. Lefèvre. In-fol.

321 — Bernard de Pichon. In-fol.

322 **Poilly**. Portrait anonyme. In-fol. Très-belle ép.

323 — Pierre Le Moyne, jésuite. In-fol.

324 — J.-B. Morin, médecin; 1er état avant le nom du peintre Flamen. Superbe ép.

325 — Louis Prévost, secrétaire de la reine. In-8.

326 **Preisler** (J.-M.). Le cardinal de Bullion, en pied, qui a ouvert la porte sainte pour le jubilé de 1700, à la place d'Innocent XII, malade. Très-belle ép. In-fol.

327 **Quenedey**. M. de Menneville, petit portrait rond.

328 **Quyter.** Comte d'Estrade. — De Mesme, comte d'Avaux. 2 p. Grand in-4, manière noire, rares.

Chaul. 1 50

Bois 5

R. B.

Belg. 2

Delp. 2 Hurber 5 Martin 2
Delp. 2

Bowsi. 5

Dew 5 Liw 2 50 R. 8

Neuman 3.50 Dew 6

Dew 4
Dew 3
Dew 5
Liw 1.75

Liw 1

Husbam 1 50

329 **Ravenet**, gravé par lui-même. In-4.

330 **Regnesson.** Marc de Wlson chevalier de la Colombière. Petit in-fol.

331 **Rochefort** (de). Malebranche. In-4, marge.

332 — Gerauld de Cordemoy, lecteur du dauphin. Petit in-fol.

333 **Roullet** (J.-L.). Jacques-Louis marquis de Beringhen, d'ap. Mignard. Très-belle ép.

334 — J. Chaillou de Thoisy, docteur de Sorbonne. In-fol. Superbe ép.

335 — J.-B. Lulli, surintendant de la musique, d'ap. Mignard. In-fol. Très-belle ép., sans marge.

336 **Rousselet.** Charles de Valois duc d'Angoulême comte d'Auvergne. In-fol. Très-belle épreuve.

337 — Bernardus Morandus, 1644. In-4. Sup. ép.

338 — Jean Rioland, médecin. In-4.

339 — Pierre Seguier. Petit in-fol. Superbe ép.

340 **Sadeler.** Ch. Emmanuel de Savoie, à cheval. In-fol.

341 — Em.-Philibert de Savoie, entouré de figures allégoriques. Très-belle ép. In-fol.

342 — Martin de Vos, peintre. Très beau portrait. Petit in-fol.

343 — Ph.-Fr. Faxicura, japonais. In-4.

344 **Saint-Aubin.** Molé, acteur des Français, d'ap. Aubry. In-4. Très-belle ép., toute marge.

345 — Fenouillot. — Monnet. 2 p. In-8.

346 **Saint-Aubin.** Littérateurs. — Artistes. — Musiciens et autres, d'ap. Cochin. 36 p. ~~2 lots~~.

347 **Savart.** J. Racine, d'ap. Santerre, 1772. In-8.

348 **Sarrabat.** Pierre de la Roche, mousquetaire du roi, d'ap. Tournière.

349 **Schalch** fecit. Bonneval. Eau-forte. Petit in-fol.

350 **Schenck.** La princesse de Conti. In-4. Manière noire.

351 **Schmidt** (G.-F.). Mignard, peintre. In-fol. Très-belle ép., marge.

352 — Antoine Pesne, d'ap. lui-même. In-fol., marge.

353 — J.-B. Rousseau, à mi-corps, d'ap. Aved. Petit in-fol. Très-belle ép.

354 **Schulze.** Cornara, reine de Chypre. Petit in-fol., avant toute lettre.

355 **Schuppen** (Van). Catherine Germain, veuve de Simon Berthelot, commissaire des poudres de Picardie, Artois, etc.

356 — Ismael Bouillaud, astronome. Très-belle ép., avant la lettre, marge.

357 — Espernon Bernard de la Valette, d'ap. Mignard. In-fol. Très-belle ép.

358 — Nicolas le Camus, ad vivum 1678. In-fol. Superbe ép.

359 — Claude Lingendes. In-4.

360 — Louis XIV, d'ap. Vaillant. In-fol. Belle ép.

361 — Pierre Pithou. Petit in-fol.

362 — Gaspardus Thaumasius Thaumaserius. Petit in-fol.

363 — F. Villani, évêque de Tournay, à mi-corps. Très-belle épr.

Marlen 2

Dom 4

Delp. 3.

Bois 7.

Bois 6

[illegible] Delp. 2

Delp. 2.

Delp. 3.

Dew 5

Liw 1 5

Neanu 3. 50

Dew 5

Dew 5

Delpn 4

Dew 5

364 — Ménage, Thomassinus de l'Oratoire. 3 p. Petit in-fol. Très-belles ép.

365 **Schwan.** Mme Bourgeois, sage-femme de Marie de Médicis. In-8.

366 **Somer** (Van). Jean-Claude, ministre de l'Evangile. In-4.

367 **Spierre.** Ferdinand II de Médicis. Petit in-fol.

368 **Swaine.** Henri IV, le sceptre de milice, armure très-riche. In-4, toute marge.

369 **Thomas.** Denis de Chanet Desessarts, acteur de la Comédie Française. Petit in-fol.

370 **Thomassin.** R. Delalande, surintendant de la musique. — Furetière. 2 p. in-fol.

371 — Nicolas le Camus. — Jean Thierry, sculpteur. 2 p. In-fol.

372 **Tourneysen.** Millot, comédien, en pied. — Laurent Scott. 2 p.

373 **Turner.** Henri IV, à cheval. In-fol. Superbe ép. avant la lettre, toute marge.

374 — Le même avec la lettre. — Sur son lit de mort, par Dunkarton. 2 p. In-fol.

375 **Vallée.** La Dame au nègre, c'est le portrait de Mme de Parabère, d'ap. Rigaud. In-fol.

376 **Vallet** (Pierre). Son portrait à l'eau-forte, par lui-même. Très-belle ép.

377 **Vallet** (G.). Louis de Gonzague. Petit in-fol.

378 **Watelet** (C.-H.). D'Alembert et autres. 9 p. in-4.

379 **Verkolje.** Auguste III, roi de Pologne. In-fol., marge.

380 **Vermeulen**. J.-H. d'Anglebert, de la musique de la chambre du roi. In-4.

381 **Vermeulen**. N. Vander Borcht, en pied. In-fol.

382 — C.-A. Broglie comte de Revel, d'ap. Rigaud. In-fol.

383 — Elisabeth de Bourbon, reine d'Espagne. In-fol.

384 — Lefèvre de Caumartin. Petit in-fol. Sup. ép.

385 — Magalotti, gouverneur de Valenciennes. In-fol.

386 — Philippe V, roi d'Espagne. In-fol.

387 — H. Meyercron, d'ap. Rigaud. In-fol.

388 — B. Phelypeau marquis de Châteauneuf, gr. in-8.

389 **Wierix**. Ordres romains institués par Othon III, costumes en forme de frises. 2 feuilles avec 3 rangs de figures.

390 **Wille**. Bernard Bellidor. In-4. Très-belle ép.

391 — Jean de Boullongne. In-fol. Superbe ép.

392 — Elisabeth de Gouy, femme de Rigaud. In-fol.

393 — Cardinal de Tencin. In-fol. Superbe ép.

394 **Visscher** (L.). Saint François de Sales en prières. Superbe ép. In-fol.

395 **Visscher** (chez N.). Marie-Louise d'Orléans reine d'Espagne. In-fol. Très-belle ép.

396 **Vorsterman**. Claude Maugis, amateur. In-4. Très-belle ép.

397 — Puget de la Serre. In-8.

R. 6 Reed 2 Delp. 3.

R. 8 Reed 2

Reed 2

R. 12.
R. 8

R. 8

R. 8 Mich. 1 11

R.

Delp. 2 Dew 3

[illegible] 1

[illegible] 7

Delp. 3

400 **Vouillemont** (Séb.). Jacques-Auguste de Thou. Petit in-fol.

401 **Young**. Jacques Delille, petit in-fol. manière noire, très-belle ép.

PORTRAITS

CLASSÉS PAR NOMS DE PERSONNAGES

402 ***Anne d'Autriche***, reine de France, in-8 et in-4. 2 p.

403 ***Antoine I***, roi de Portugal, petit portrait rare.

404 ***Bongars*** (Jacobus). In-8, par Glaser, et in-4, 2 p.

405 ***Bourbon*** (L.-H. Joseph de). Condé, duc de Bourbon. Louise-Marie-Thérèse-Bathilde d'Orléans, duchesse. 2 portraits grand in-8, superbes ép. toute marge.

406 ***Buffon***. Par Chevillet, in-4; in-fol. par Vangelisty, avec adresse de Pujos. 2 p.

407 ***Calvin*** (Jean). In-fol. Dankertz.

408 ***Croy*** (duc de). In-4, très-belle ép.

409 ***Dufresne*** (Raphaël). In-4, belle ép., marge.

410 ***Duplessis Mornay***. In-4, superbe ép.

411 ***Favart***. In-8, par Littret et autre, 2. — Madame Favart, par Flipart, deux différents états et autre, 3. En tout 5 p.

412 **France**. Mesdames Henriette, Clotilde, Victoire, et Sophie-Charlotte, reine d'Angleterre. 4 p. grand in-8.

413 **Gillet** (Louis), maréchal des logis au régiment d'Artois, avec scène au bas. 2 portraits différents par Gaucher et Voysard, in-4.

414 **Gondy**. Personnages de la famille, Femmes, Ecclésiastiques et Militaires. 16 p.

415 **Henri IV**. Statue équestre, in-fol.

416 **La Motte Haudancourt**, maréchal de France. Petit in-fol., marge.

417 **Laurentius** (André), médecin d'Henri IV, in-8 et in-4.

418 **Lavallière** (Duchesse de), tenant une pomme. — La même en religieuse, 2 p. in-12, rares.

419 **Louis XIII**. Titre, par Huret et autre. 2 p. petit in-fol.

420 **Louis XIV** et sa femme. 2 Portraits en regard avec texte en hollandais, en typographie, au bas. — Couronné, in-4. — Jeune, in-fol. 3 p.

421 **Louis XVI**. In-4, chez Martinet, sup. ép.

422 **Louis XIII, XIV, XV, XVI** et sa famille, XVII et XVIII. /3 p.

423 **Marie-Antoinette**, reine de France. 21 portraits.

424 **Montijo** (Comte de). 2 portraits in-8 différents.

425 **Napoléon**. Buste, statue, profil. Canova sculp.

[illegible] 6. [illegible] 3.

[illegible] 6.

[illegible] 3.

[illegible] 3. [illegible]

Chalons 11

Dijon 5

Moun /3

R

426 **Napoléon.** Ier Consul, par Tardieu ; en manteau impérial. Joséphine. 2 p. coloriées. Duc de Reichstadt, 4 p.

427 **Necker.** In-4 en couleur, très-belle ép.

428 **Nerestang** (Claude de), grand-maître, petit in-fol.

429 **Paoli** (Pascal), général des Corses, à mi-corps, appuyé sur un canon, profil in-fol, par Brookshaw, avant la lettre et avant des changements. — Le même avec la lettre. — Autre contre-partie, le buste seul, profil in-fol. avant toute lettre. — Autre, à l'eau forte, par Cruys. — Autre, par Houbraken. 5 p. rares.

430 **Philippe II**, roi d'Espagne. Entourage orné de figures, in-4.

431 **Pluvinel**, écuyer. In-4, rare, grande marge.

432 **Poisson** (Mme) d'Estiolles, marquise de P... In-8, extrêmement rare, Durand à Paris.

433 **Poisson**, marquis de Marigny. Petit in-fol. avant toute lettre, marge.

434 **Quercetanus.** Joseph Duchesne, médecin, in-8.

435 **Rabel ?** Portrait non terminé, in-4.

436 **Ribier** (Guil.), conseiller d'État, petit in-fol.

437 **Richelieu**, cardinal, petit portrait ovale.

438 **Rousseau** (J.-B.). Par Fiquet, Ingouf et autre, 3 p. in-8.

439 **Rousseau** (J.-J.). Par Dupreel, Ingouf, Quenedey et autres, in-8 et in-4. 6 p.

440 **Saulx** (J. de), comte de Tavanne, in-8.

441 ***Schurman*** (Anne-Marie). In-8.

442 ***Voltaire***. La Folie de notre âge. — L'Homme unique à tout âge, en pied. — Assis dans son cabinet, in-fol. par Houston. 3 p.

443 ***Voltaire***. En buste, en pied ; par Balechou, Barbier et autres. 10 portraits différents.

PORTRAITS

CLASSÉS PAR PROFESSIONS

444 **Acteurs**. Actrices et Musiciens, 7 p. gr. in-8.

445 — Mlle Parisot, Saint-Huberti et autres, 8 p.

446 **Artistes**. Peintres, Ingénieurs, etc. 8 p.

447 **Ecclésiastiques**. Théologiens, Réformés, etc. 12 p.

448 **Ecclésiastiques**. Cardinaux, Papes, etc. 46 p.

449 **Femmes célèbres**. Religieuses et auteurs. 6 p.

450 — Princesses françaises et étrangères. 43 p.

451 **Littérateurs**. Poètes, Savants, Écrivains célèbres, 88 p. 2 lots.

452 **Médecins**. Charas, Dubois, Forlenze, Peron, A. Petit, F. Petit, Récamier. 7 p.

453 **Médecins**. Chirurgiens, Botanistes, Savants, Naturalistes, 26 p.

[illegible] 3.

[illegible] 2. 50

[illegible] 6

[illegible] 3

[illegible] 1 25 Zalagan 15 Lino 6.50 Delp. 6,50

Lino 6. 50 Delp. 13 [illegible]
chaque 6 . 50

Lud

Plavi 2

Broj 12

454 **Princes**. F. de Bourbon Condé, J. L. de Nogaret, F. de Valois, Ch. de Lorraine, H. de Montmorency, H. de Montpensier, H. Duval, etc. 8 p. in-4.

455 **Célébrités** diverses, Rois de France, Princes français et étrangers. Dignitaires, Gouverneurs, etc. 178 p. 4 lots.

LIVRES A FIGURES

ET AUTRES

456 **Christ**. Dictionnaire des Monogrammes, chiffres etc., des plus célèbres Peintres, Graveurs. Paris, 1750. Beau vol. in-8, v. m.

457 Galleria Riccardiana, peinte par Lucas Giordiano, gravée par Lasinio. 14 p. dont les portraits, vol. in-fol. avec texte, dos toile, Florence, 1827.

458 **Gmelin** (W.-F.). Vues pour illustrer l'Eneïde de Virgile, petit in-fol. 26 p. volume dos toile.

459 **Huber et Rost**. Manuel des curieux et des amateurs de l'art, notice abrégée des principaux graveurs et catalogue raisonné de leurs meilleurs ouvrages depuis l'origine de la gravure jusques 1797. Zurich, 8 vol. in-12, demi-rel.

460 **Kussel** (M.). D'après W. Baur, Emblèmes, 17. — Palais et perspectives, 18. — Marines, Ports, Vues de Venise, 17. — Parcs, Jardins, 18. — Paysages, 17. En tout, 87 p. vol. oblong, vieille reliure.

461 **Lanzi** (Abbé). Traduction abrégée de la Storia Pittorica della Italia, ou Histoire des principaux peintres, avec des notes et 80 gravures au trait de tableaux peu connus des meilleurs maîtres. In-8, 1823, broché.

462 **Mori** (Ferd.). Sculture del Museo Capitolino, Disegnate ed Incise. Roma, 1806. 11 livraisons in-4, de planches au trait et texte en italien.

463 Peintures à fresque d'André del Sarte à Florence. 15 p. dont le portrait, avec texte, in-fol. Florence, 1830. Vol. dos toile.

464 **Percier et Fontaine**. Mariage de Napoléon 1er avec Marie-Louise. 13 p. au trait et texte, in-fol. vol., carton. Paris, 1810.

465 **Tauriscus Euboeus**. Catalogue des Estampes gravées d'après Rafael. Vol. in-8, Francfort sur le Mein, 1819, broché.

466 Fêtes données par la ville de Strasbourg à Louis XV pendant son séjour. 11 grandes pièces pliées, le portrait du roi à cheval, par Will. Texte avec entête et fins de pages et entourages gravés, vol. grand in-fol., reliure mauvais état.

[illegible] 3.

[illegible] 5

[illegible] 15 [illegible] [illegible]

Michel 16

Dew 8

Michel 12

Michel 27

ÉCOLE FRANÇAISE

XVIIIe SIÈCLE

467 **Anonyme**, XVIIIe siècle. Les Regrets inutiles. Le Sabot cassé. — La petite Espiègle qui tire la queue du chat. 2 charmantes petites p. rondes en bistre, rares.

468 **Baudouin** (D'ap.). L'Épouse indiscrète. — La Sentinelle en défaut. 2 p. belles, sans marges.

469 **Boucher** (D'ap.). Les Saisons, 4 p. scènes d'enfants, par C. L. Duflos, très-belles ép.

470 — Les Amours pastorales, par Cl. Duflos. 4 p. in-fol. en travers, belles ép., marge.

471 — Le Pasteur galant, — Le Pasteur complaisant. 2 p. par A. Laurent, très-belles ép. grande marge.

472 — La bonne Aventure, la Fontaine de l'amour, le Trébuchet. 3 p. par Aveline, belles ép. marge.

473 — Étude de femme, le Départ du Courrier, la Vendange, les Bacchantes endormies. 4 p.

474 — Danaé, Vénus aux trois crayons, têtes de Femmes et autres. Sanguine. 5 p.

475 **Chardin** (D'ap.). Les Tours de cartes, par Surugue.

476 — La Blanchisseuse. — La Fontaine, par Cochin. 2 p. Superbes ép., très-grande marge.

477 — Le Négligé, ou toilette du matin, par Le Bas. Superbe ép., très-grande marge.

478 — La Gouvernante. — La Ratisseuse, par Lépicié. 2 p. très-belles ép. très-grandes marges.

479 **Chereau**. Soit d'un époux, soit d'un amant, Dame lisant une lettre, d'ap. de Troy, belle ép. marge.

480 **Chodowiecki**. Mariage de Guillaume V d'Orange, avec la princesse de Prusse. Très-belle ép. petit in-fol.

481 **Cochin**. Pompes funèbres d'Élisabeth de Lorraine, de Marie-Thérèse d'Espagne Dauphine, Feu d'artifice pour le Dauphin. 3 p. gr. in-fol. Très-belles ép.

482 **Cochin** (D'après). La Soirée, par Cl. Gallimard. Jolie p. Très-belle ép., très-grande marge.

483 **Cœuré**. Scènes et portraits de l'affaire Fualdès. 9 p. lithog.

484 **Coypel** (D'après). Vertumne et Pomone. — La France rend grâce au ciel de la guérison du Roi. — Renaud et Armide. 3 p.

485 **Delafosse**. La malheureuse famille Calas, d'après de Carmontelle. Grande marge.

486 **Duclos**. La Reine (Marie-Antoinette) annonçant à Mme de Bellegarde, des juges, et la liberté de son mari en mai 1777. In-fol. Très-belle ép. de souscription, grande marge.

487 **Favanes** (De). Hercule dès le berceau : Enfant qui fait des tours surprenants de souplesse. Très-belle ép., toute marge. Très-rare.

488 **Freudeberg** (D'après). Le Lever, par Romanet.

[illegible] Dem 5

Dem 4

[illegible] 47

Martin X

Diens

Dem 5

489 — Le Bain, par A. Romanet, 1774. In-fol.

490 — La Visite inattendue, par Voyez. In-fol.

491 — Le Boudoir, par Maleuvre. In-fol.

492 — Les Confidences, par C.-L. Lingée. In-fol.

493 — La Soirée d'hiver, par Ingouf. In-fol.

494 — L'Événement au bal, par Ingouf. In-fol.

495 — Le Coucher, par Bosse. In-fol.

496 — Réduction in-8 des 12 pièces qui font suite au Costume physique et moral.

497 **Gérard** (D'après Mlle). Le Présent. — Je m'occupais de vous. 2 p. in-fol., par Vidal.

498 **Greuze** (D'après). Le Garçon et le Chien de Terre-Neuve, par Schultze. Belle ép.

499 **Huet** (D'ap.). La Conversation des fermières, en couleur, par Briceau.

500 — Le Midi. — Le Soir. 2 pastorales en couleur, par Demarteau.

501 **Janinet.** La Toilette de Vénus, d'ap. Boucher. Superbe ép. gravée en couleur, parfaite condition.

502 — Le Char de Galathée. Jolie p. in-4, d'ap. Bouchardon. Ovale équarri, en couleur.

503 **Jeaurat**, 1733. La Fortune et le jeune Enfant, fable de La Fontaine. Belle ép., grande marge.

504 **Jeaurat**, 1748 (D'ap.). Le Fiacre, par Pasquier. Superbe ép., très-grande marge.

505 **Jugel.** Entrée de Napoléon à Berlin. In-fol., avant la lettre.

506 **Kock**, à Rome. Serment des 1,500 républicains à Montenesimo. Eau-forte, in-fol.

507 **Lancret** (D'après). Les Amours du Bocage, par Larmessin, sans marge. Belle ép. in-fol.

508 — Les Éléments, par Audran, Cochin, Tardieu, etc. 4 p. en hauteur. Très-belles ép. in-fol.

509 — Les Saisons, en hauteur, par Audran, Lebas, Tardieu. 4 p. in-fol. Très-belles ép.

510 — Les Saisons, en travers, par de Larmessin. 4 p. in-fol. Superbes ép.

511 **Le Beau**. La grande Parade passée par le premier Consul dans la cour des Tuileries. In-fol., d'ap. Desrais, colorié. Rare.

512 **Levasseur?** Bienfaisance du roi Louis XVI. Belle composition avant toute lettre.

513 — Le Satyre amoureux. Superbe ép. avant toute lettre, marge.

514 **Lucas**. Iris inquiète. Jolie p. Belle ép.

515 **Mignard** (D'après). Pan et Syrinx, Supports, Angles de voûtes. 4 p.

516 **Moreau** (D'après). Vignettes pour la Mort d'Abel. 6 p.

517 **Ozanne** (D'après). Vaisseaux présentés au roi par les provinces de France, 1761. Très-belle ép. in-fol., marge.

518 **Picart** (B.). Le Lutrin de Boileau. 8 pièces. Superbes ép. dans des entourages, petit in-fol., toute marge.

519 **Punt**, 1759. Fables de La Fontaine. 4 à la feuille, 23 feuilles, 92 vignettes. Très-grandes marges. Superbes ép.

Jean 8 Michel 5

Jean 20 Michel 20

2.

2 .25

agier, 20, Clavonn 4 Dieu

illy 90 Marlan 15

Michel 5

Ogier 1[illegible]

Michel 65 Jean[illegible]

520 **Raoux** (D'après). Sacrifice au dieu Pan, par Beauvarlet. Avant toute lettre.

521 **Rigaud**. Vues du château de Fontainebleau. 6 p. anciennes et très-belles ép., adresse chez l'auteur.

522 **Saint-Aubin** (D'après). Tableau des portraits à la mode. — La Promenade des remparts de Paris. 2 p.

523 **Schenau** (D'après). L'Ouvrière en dentelle, par Gaillard. Très-belle ép., très-grande marge.

524 **Vanloo** (D'après). Mars et Vénus sur des nuages.

525 **Vernet** (D'après Carle). Les Joueurs de boules. — Le Retour des champs. 2 p. en couleur, par Debucourt. Très-belles ép., marge.

526 **Watteau** (D'après). Fêtes vénitiennes, par Cars. Très-belle ép.

527 — Études de têtes, par Fillœul. 14 p.

528 — Arabesques, l'Eau, le Feu, la Terre, la Danse bachique. 4 p. très-belles.

529 — Les Saisons. 4 panneaux arabesques en hauteur.

530 — Les Saisons. 4 panneaux arabesques en travers, par Huquier. Très-belles ép.

531 — Le Duo et le Présent champêtre, l'Amusement, le Repos gracieux, le Chasseur content, l'heureuse Rencontre. 6 panneaux arabesques en travers, par Huquier. Très-belles ép.

532 — Costumes de Femme et d'homme, par Cochin, Desplaces. 10 p. avec marge.

533 **Watteau** (D'ap.). Le Teste à Teste, par B. Audran. Belle ép. toute marge.

534 — L'Occupation selon l'âge, par Dupuis.

535 — La Perspective, par Crespy. Belle ép.

536 — Études de têtes, fac-simile de dessins à l'eau-forte, par Audran, Boucher et autres. Têtes de jeunes filles, de femmes et autres. 68 p. Très-belles ép., 2 et 4 à la feuille, grandes marges.

537 Nouveau Livre de principes de dessin, d'après les originaux des maîtres de l'Académie (Bouchardon, Boucher et autres), 1re et 2e parties. 24 p. — Premier et second livres d'Académies, gravées en partie par les professeurs de l'Académie royale. 24 p., en tout 48 p. superbes.

538 **Divers.** Enlèvement d'Europe, Angélique et Médor, Afrique, les Gourmeurs de Villamena, Vierge. 5 p. grand in-fol.

539 — École du XVIIIe siècle et autres. 16 p.

540 Contes et nouvelles en vers, par de La Fontaine. Vignettes in-8. Copies des fermiers généraux. Belles ép., toute marge. 62 p.

541 **Pièces historiques.** La Bastille, les Convulsionnaires, Vincennes. 3 p.

542 — Fin tragique de Louis XVI. — Le Bourreau présente la tête au peuple. Très-belle ép., marge.

543 — Le Jeu de Pharaon politique, 1779. En bistre.

[illegible] 7.

[illegible]

[illegible] 15

[illegible]

544 — La Contre-Révolution. — Défaite des contre-révolutionnaires. 2 p., charge à l'eau-forte, grand in-fol. Très-belles ép., marge. 3

545 — Attaque de Gênes, Convoi de Clément XIV, Pie VII bénissant les Fidèles, Passage des Polonais à Leipzig, Évacuation de Porto-Ferraio, 7 p. grand in-fol. 2 25

546 — Entrée solennelle du Roi et de la Reine à Paris en 1660. Eau-forte italienne en 2 feuilles jointes. 3 50

547 — La Rareté de Prague, pièce curieuse avec explication; plan de Prague assiégé. 2 p. in-fol.

548 — La Bravoure récompensée, Tableau militaire, plan de Lyon et autres. 20 p. 3 75

SUPPLÉMENT

PIÈCES HISTORIQUES ET PORTRAITS ANCIENS

549 — Assassinat d'Henri III, par Jacques Clément, in-4. Figures à mi-corps, gravure attribuée à Thomas de Leu. Sup. ép. d'une pièce très-rare.

550 — Attentat à la vie d'Henri IV, par Jean Chatel. Petit in-fol. Rare.

551 — Assassinat d'Henri IV, par Ravaillac, rue de la Ferronnerie, gravure attribuée à J.-Th. de Bry. Petite p. in-4, avec texte flamand et français, gravé au bas. Rare.

552 — *Carosel fait à la place Royalle, à Paris, le V, VI, VII avril MDCXII.* In-fol. Belle ép. Rare.

553 **Maître anonyme**. Jacques Clément, moine assassin d'Henri III. In-4, portrait du temps. Très-rare, grande marge, du cabinet Robert Dumesnil.

554 — *Henricvs de Lorraine dux de Gwise, pair et G. M. D. F.*, médaillon entouré de figures allégoriques et deux scènes de son assassinat, en bas 40 lignes de vers latins en 2 colonnes. Portrait petit in-fol., très-rare; la petite bordure est coupée de chaque côté, elle existe en haut et en bas.

555 — *Philippe Roy d'Espaigne, 33e comte.* En pied, in-4. Très-belle ép. Ce portrait parut, dit-on, en 1598, année de la Mort de Philippe II, et un des plus ressemblants.

R

R.

R.

8. 6. R

Grej 2 [illegible] 50 R

R

Dieu

Delphi 5 Graj 1 50

Martin 15 Graj 21

Dero 10 Dieu

Hurb. 5 Dero 8 Dieu Graj 1 50

Hurb. 12 Dero, 8

Delp 3 Chardon 15 R. 18

Delp

Delphi 3

Olio 2/11 Delp 3

556 **Anselin.** Mme de ***Pompadour***, la belle Jardinière, d'après le tableau de *Vanloo* qui était au château de Bellevue. In-4. Superbe ép.

557 **Beauvarlet.** Portrait de Mme la comtesse ***Du Barry***, d'ap. *Drouais*. Superbe ép. petit in-fol. Rare.

558 **Bry** (Th. de). Le Bal, charmante pièce en forme de frise, 16 personnages en jolis costumes de l'époque. Superbe ép. avec une petite marge.

559 — Épouses de Solyman, de Scanderberg et autres. 8 portraits avec entourages ornés de figures et animaux.

560 **Callot.** Son portrait, in-8, par *Michel Lasne*. Sup. ép. de la collection Gervaise.

561 — Vie de la Vierge. 14 p. 1er état (Meaume 76 à 89). Superbe suite de la collection Gervaise.

562 — La petite Treille. (M. 710.) Superbe ép. de la dernière planche de Callot. Collection Gervaise.

563 **Labelle** (Stef. de). L'Éventail (46), dans le goût de Callot. Superbe ép. Collection Gervaise.

564 — Le Reposoir (83). Très-belle ép. 1er état avant l'adresse de *Arnold Van Westerhout formis Roma*. Glomisée. Collection Gervaise.

565 **Leu** (Thomas de). Charles de Bourbon Connétable. Très-belle ép. in-8, marge.

566 — François Ier, roi de France. In-8. Superbe ép.

567 — *Portrait av natvrel de Monseignevr le Davlfin, né le 27 septembre à 10 hevres de nvict 1601*. En pied, in-4. Rare.

568 **Liefrinck** ex. (Monog. FH.) *Katherina regina Francorum*. En pied, petit in-fol. Riche costume avec ornements. Superbe ép., grande marge. Très-rare.

569 — *Francois par la gracie de Deiv roi de France et de Escote 2 de ce non œstatis svae 17-156.* En pied, riche costume. Très-rare.

570 — *Henricvs II Rex Francor.* En pied, en armure. Petit in-fol. Superbe ép., grande marge. Très-rare.

571 — *Isabelle Avstriaca, épouse de Charles IX.* En pied, costume très-riche, avec ornements, petit in-fol. Superbe ép., grande marge. Très-rare. (Monog. AdB.)

572 **Montagne** (N. de Plate). Marie de Médicis, royne de France, d'ap. *Pourbus*, petit in-fol. Morin ex. Superbe ép. petit in-fol. (R. D. 25.)

573 **Nanteuil.** Basile Fouquet, abbé de Barbeaux et de Rigny, chancelier des ordres du roi. 1er état avec 1658. Superbe ép. petit in-fol. (R. D. 97.)

574 **Rubens** (D'après). Pièces de la galerie du Luxembourg, avant et avec la lettre, en couleur. 8 p.

575 **Sichem** (Van). F. Ravaillac en pied ; au fond l'assassinat, son supplice ; en haut les portraits du roi, de la reine et de Louis XIII enfant. In-4.

576 **Silvestre** (Israël). Vue du jardin de M. Renard aux Tuileries. — Vue du dome des Tuilleries et vue de la grande escurie. 3 p. Très-belles ép.

577 Sociétés des Aqua-fortistes, eaux-fortes modernes. 6 livraisons du 1er septembre 1862 au 1er février 1863. 31 pl.

578 Sous ce numéro plusieurs lots de Portraits et d'Estampes non catalogués.

Renou et Maulde, imprimeurs de la Compagnie des Commissaires-Priseurs, rue de Rivoli, 144. 2410

Delp 3. Oliv. 27

...avoir 2 50 Delp 3 Oliv 27

...elpr 3. Oliv 27.

...am 13. Del. 3

...elpr 3,

...min 3 50

288e 3,4,5 Mai 1870

N°	Nom	Acheteur	Fr.	C.
5	Brenden	Lind	2	
6	Brock	Dervaux	2	
7	Callot	Michelot	11	
12	Cort	Dervaux	1	
16	Dalendo	Dervaux	1	50
18	Dyck	Hedon	2	
19	Dyck	Hedon	3	
22	Gheyn	Lind	1	
25	Hoefnagel	Dervaux	5	
27	Hooghe	~~Michelot~~	4	
29	Le Clerc	Meaume	2	
40	Mozyn	Dervaux	2	
41	Muller	Dervaux	2	
46	Saenredam	Hedon	2	
50	— Deesse	Hedon	2	50
56	Swyers	Lind	1	50
58	Waillant	V. der Straelen	12	
59	Visscher	Lind	1	
62	Visscher Goyen	Marquiset	18	
67	Anonyme Calvin	Rubattel	11	
68	Aubert	R	1	50
71	Blaise	R	15	
72	Bignon	Meaume	5	50
73	Beringhen	Delpit	2	
76	Brizard	R	4	
82	Biron	Delpit	5	
83	Bause	R	3	
84	Clairon	Lind	2	
85	Sage	R	5	50
90	La Tour d'Aix	R	4	
93	Vaussen	R	4	
98	Calas	R	2	
101	Geoffroy	Matthon	1	50
104	Laffourcau	R	4	
			145	50

N°	Nom	Acheteur	Fr.	C.
			145	50
106	Jordan	R ?	9	
~~107~~	Larochefoucauld	Martineau	3	75
109	Genre de Cochin	?	35	
112	Desaix, Hoche	Ulrich / R	8	
114	Cossin	~~Martineau~~	8	
117	Cardin Lebrun		8	
118	Custodi	Mounier	2	
120	Daret	Meaume	4	
121	Daret	Meaume	3	50
122	84 Daret		83	
123	Gendron	Michelot	10	
124	Mercier	R	11	
127	Puysegur	Michelot	7	
128	J.B. Rousseau	Michelot	9	
134	Villars	Chandon	11	
135	50 Desrochers	4. Berthelot Miltzer ?	90	
136	Devaux	Dervaux	2	
138	Boileau	Michelot	11	
140	Hideux	Michelot	9	
142	Clussau	Delpit	4	
143	Vintimille	Lind	3	
149	Dupont orleans	R	2	
150	Portoret	Grosjean	3	
151	Gourville	R	5	50
154	Gherardi	Dervaux	2	
155	Le Tellier	Michelot	11	
156	Louis XIV	Dervaux	5	
160	Savary	R	7	50
161	Vergniaud	R	16	
167	Fromond	Michelot	11	
168	Crebillon	Martineau	2	50
173	Regnier	Dervaux	4	50
174	J.B. Rousseau	Martineau	3	
177	Voltaire	Charavay	4	50
179	Condé	Delpit	3	
180	Chevalier	R.	8	
			565	25

			565	25
192	Giffart	Roi	1	25
195	Goyrand	R	10	
35	Portraits		2	
25	pièces divers		5	50
199	Bourrignon	V. de Stratten	4	
209	Hortemels Regnier		1	25
210	Houbraken	R	3	25
211	Hubert	Delpit	2	
214	Jeaurat	Mourier	2	
220	Kilian	R	8	
222	Klauber	R	5	50
225	Rouillé	Harling 6.	7	
227	Joly	Michelot	[illegible]	
228	Larmessin	Dervaux	4	
229	L. XV.	R	11	
231	L. XV acheval	R	6	
232	Scévole	Dervaux	2	
234	Lasne	R	9	50
235	Corneille	Bancel	14	
236	Dubler	R	6	50
237	Marillac	Dervaux	5	
238	Metezeau	R	12	
239	Lasne	Dervaux	7	
241	Petit	~~[illegible]~~ Ogier 4.	6	50
242	Guesnel	Dervaux	11	
243	Regnaudin	R	4	75
244	L. XVI	Michelot	3	
251	Martineau	Martineau	7	50
252	Neuvill.	R	19	
254	Bidur	Michelot	2	
256	Condé	Delpit	2	
257	Ch. Mayenne	Delpit	2	
259	Murat	R	15	
260	Epernon	de Gere	2	
261	Genlis	Dieny	3	50
263	Lochon	R	9	
			784	25

			784	25
265	Soissons		3	
267	Louys	R	6	50
268	Malœuvre	R	4	
270	Mirabeau	Mourier	4	
277	Malham	R	2	
279	Mellan		41	
282	Moncornet	Meaume	3	
283	22 p.		19	
284	60 p.		35	
285	37		22	
288	Olivier Costellar	R	6	50
292	Jordan	Delpit	2	
293	Gallothe	Lind	1	25
294	Lerambert	R	4	
299	Dupuy	Chardon	3	50
300	Scudéry	Choulin	4	25
302	Nattier	Delpit	10	50
304	Adviniers 50	Delpit	5	
	—— 19		14	
306	Passe	Grosjean	2	
307	Pluvinel		6	
310	Mourrejeau	Lind	4	50
317	Camus	Choulin	1	
322	Fermat		9	50
326	Preisler	R	10	
328	Quitor	Delpit	2	
334	Chaillon	Boissin	4	
335	Lulli	R	6	
340	Savoye	Lind	1	
344	Molé		5	50
346	St Aubin 36		48	
353	J.B. Rousseau	Boissin	6	
357	Epernon	de Gere	7	50
360	L. XIV. D'ap. Vaillant		3	
365	Bourgeois	Dervaux	5	50
367	S. Pierre	Meaume	3	50
			1099	75

			1099	75
370	Delalande	Dewaey	3	50
371	le Camus	Dewaey	3	
378	Watelet		14	50
10	pieces		3	
381	Borck	Lind	2	
382	Broglie	R	4	
383	Elisabeth	R	3	
390	Belidor	R	1	
391	Boullongne	R	7	
392	de Gouy	R	5	
393	Tencin	R	9	50
395	L. d'Orleans reine	Michelon	8	50
400	Dubthon	R	2	
402	Anne d'autr	Lequierolle	4	
408	Croy	Grosjean	1	50
410	Mornay	Lequierolle	4	
418	Lavalliere	Lequierolle	3	50
419	L. XIII	R	1	
427	Necker		2	50
428	Nerestang	Chaleyer	10	
429	Paoli		40	
430			1	
431	Pluvinel	Mourier	2	50
432	Pompadour	R	6	
435	Rabel ?	R	15	
437	Richelieu	Lequierolle	1	
440	Saulx	Lequierolle	8	
445	actrices		13	50
446	artistes		9	50
448	Ecclesiastiques 26		29	
451	44 litterateurs		32	
453	26 Medecins		27	
455	45 Celebrites		56	
465	livre	Hedou	5	
467	anonyme 22 ronds	Michelon	7	
468	Baudouin	Cte Hocquart	8	
475	Chardin	Michelon	11	
			1463	75

			1463	75
479	Chereau	Michelon	5	
484	3 coypel		1	50
488	Lelever	Cte Hocquart	6	
495	Coutier	Cte Hocquart	8	
501	Janinet	B.	79	
503	Jeaurat	Martineau	5	
504	Lefrain	Dieusy	3	
505	entree a Berlin	Dewaey	4	
507	Lannes	Dewaey	7	
509	4 Saisons	Hocquart	38	
511	la Parade	B.	20	
514	Lucas		1	
516	Moreau	Claverie	2	
518	Lebrun	Zelazniewicz	11	
519	Prout	Miltzenne	50	
520	Ravenet	Michel	5	
525	Vernet	B.	80	
	Supplement			
549	Assassinat d'H. III.	ER	100	
550	attentat H. IV.	ER	47	
551	—	ER	13	
553	J. Clement	ER	27	
554	Guise	ER	19	
555	Ph....	ER	25	
556	Pompadour		40	
557	Dubarry		51	
560	Callot	Delpech	5	
561	— Vie de la Vierge	Grosjean	20	
562	2 petites Tredle	Dewaey	10	
563	Labelle	Dewaey	8	50
564	reposoir	Herbetz	9	
565	Connetable	R	16	
572	M. Medicis	Meaume	13	
573	Basile Fouquet	Litchfield	10	
			2202	75
			110	15
			2312	90

www.ingramcontent.com/pod-product-compliance
Ingram Content Group UK Ltd.
Pitfield, Milton Keynes, MK11 3LW, UK
UKHW020334180726
13839UKWH00002B/712